Hubert Treml

Dornröiserl Fruaschprinz & Co.

Grimms Märchen respektlos neu aaf oberpfälzisch

Illustriert von Toni Kobler

Verlag Stangl & Taubald

Fia mei Kiena
und fia alle Kiena - aa die groußn

© Verlag Stangl&Taubald, Wörthstr. 14, 92637 Weiden
1. Auflage 2010
www.buch-stangl.de
Alle Rechte beim Verlag

ISBN 978-3-924783-51-8

Vorwort

Für das vorliegende Märchenbuch in Oberpfälzer Variation wählte ich einige der bekanntesten und wohl auch beliebtesten Geschichten aus der Sammlung der Gebrüder Grimm aus.
Jedes Märchen habe ich auf andere Art und Weise interpretiert. So beginnt es mit dem Fruaschprinz (Froschkönig), in dem nur vereinzelt das Oberpfälzische in der wörtllichen Rede vorkommt. Beim schneidigen Tapferl (Das tapfere Schneiderlein) ist dann schon jedes gesprochene Wort Dialekt. Ansonsten wird der Leser ganz ins Oberpfälzische eingetaucht, mit Märchenübertragungen in Lied-, Gedicht- oder einfach Erzählform. Mal sehr, sehr kurz (Dornröiserl). Mal episch groß - wie halt Märchen oft sind (Schnöiweißerl).

Mundart und Märchen, das hat einen ganz eigenen Zauber und Reiz. Allein schon die direkte Übersetzung, die sich strikt an das Original hält, verstärkt Kraft und Rhythmus, die viele Märchentexte in sich tragen. Das kann einen richtig mitreißen, wenn man dann z. B. die Anfangszeilen vom Aschawöhlerl (Aschenputtel) liest. Laut!

Sollten Sie aufgrund der kraftvollen Oberpfälzer Mundart nicht alles auf Anhieb verstehen, dann lassen Sie sich einfach - wie der auswärtige Königssohn im „Fruaschprinz" - von einer Prinzessin (die Sie gerade hoffentlich zur Hand haben) küssen ...

Viel Freude und Genuss beim Lesen und Wiederentdecken!

Hubert Treml

Inhalt

Alle Märchen zammagfasst

　　Fruaschprinz .... S. 7
　　Schnöiweißerl .... S. 17
　　Rapunzlerich .... S. 45
　　D' Weidner Stodtmusikantn .... S. 51
　　A dougouds dramsöligs Dornröiserl .. S. 57
　　Da schneidige Tapferl .... S. 59
　　Roudkapperl .... S. 71
　　Frau Holle .... S. 75
　　Rumplstülzerl .... S. 83
　　Hansl und Gretl .... S. 89
　　Aschawöhlerl .... S. 93

Ausklang

Anhang

Alle Märchen zammagfasst

Es woar amal a bsonders Kind,
dees in da Welt, döi ja oft spinnt,
si durchkämpft houd mit Tapferkeit.
Und wenn 's niad gstorbn is, lebt 's nu heit.

Fruaschprinz

In den alten Zeiten, wo das Wünschen noch geholfen hat, lebte ein König, dessen Töchter waren alle schön, aber die jüngste war so schön, dass die Sonne selber, die doch so vieles gesehen hat, sich verwunderte, sooft sie ihr ins Gesicht schien.

Ein hexenverwunschener Prinz aus einem fernen Land, war als dicker, hässlicher, kalter Frosch zu dem Brunnen ganz nahe beim Schloss gekommen. Denn nur die Königstochter konnte ihn von seinem Fluch befreien.

Und tatsächlich: schon eilte sie aus ihrem Schloss und lief direkt zum Waldstück in dem sich dieser Brunnen befand. Als sie ihrem Vater noch zurief: „I göih blouß a weng dou iwi in 'n Schoon, heit is ma z' hoaß dou heraassnd!", da wurde dem Frosch klar, dass er wohl noch weiter von seiner Heimat entfernt war, als er gedacht hatte ...

Dann aber sah er, dass die Prinzessin wunderschön war. Darüber vergaß er seinen kleinen Schrecken ob der komischen, ihm so fremden Laute, die dem lieblichen Mund der Königstochter entfahren waren.

Sie schien guter Laune und hatte eine goldene Kugel als Spielwerk dabei. Diese warf sie in die Luft und fing sie wieder auf. Immer wieder.

So geschah es, dass ihr einmal die goldene Kugel aus der Hand glitt, diese auf die Erde schlug und geradezu ins Wasser hineinrollte. Das Wasser im Brunnen aber war so tief, dass sie die Kugel bald nicht mehr sehen konnte, so weit sank sie hinab. Die Prinzessin begann zu weinen und weinte immer lauter und konnte sich gar nicht trösten: „Uuuuuuuuuuuuääähäääähäääähähähä!"

„Was hast du vor, Königstochter, du schreist ja, dass sich ein Stein erbarmen möchte", sagte der Frosch.

Das schöne königliche Kind erschrak und schrie auf: „Aaaaaah, sua a greislicher Fruasch!!!!!"

Weil „Fruasch" etwas nach „Frosch" klang, vermutete der verwunschene Prinz, dass die Königstochter wohl mit ihm sprach.

„Lou mi in Rouh!" setzte diese noch hinterher.

Der Prinz versuchte sich sehr verständlich auszudrücken als er die Gelegenheit beim Schopfe packte und sagte: „Ich bringen dir Kugel wieder." Und langsamer: „Ich tauchen und Kugel holen. Aus Wasser. Ja?"

„Ha?" bekam er von der holden Prinzessin zur Antwort.

Der Frosch, der ja zusehen musste, dass er so lange mit der Prinzessin zusammen sein konnte bis als dass sich der Fluch von ihm löste, machte sogleich einen Handel daraus: „Ich dir holen Kugel, wenn du mich mitnehmen in Schloss. Zu dir!"

Er sah, dass die schöne Königstochter aufhörte zu weinen und scheinbar nachdachte. Dann vernahm er ihre liebliche Stimme: „Mooch 's saa wöidarawöll. Hul s' ma einfach!"
„Wie bitte?"
„Bring ma s'!"
„Bringen?"
„Ja, bringen!" rief die Prinzessin. Und fügte in Froschmanier hinzu: „Goldene Kugel bringen. Mir."
„Dann mitnehmen zu dir?", fragte er.
„Ja, dann mitnehmen", sagte die Schöne und dachte dabei aber nicht an den Frosch, sondern an die Kugel, die sie ja wieder mit nach Hause zurück nehmen wollte.
Der Frosch also holte die Kugel. Und die Prinzessin ward froh, dankte und ging nach Hause.
„Warte, warte", rief der Frosch, „nimm mich mit, ich kann nicht so laufen wie du."

Aber was half ihm, dass er ihr sein quak, quak so laut nachschrie, als er konnte! Sie hörte nicht darauf, eilte ins Schloss und hatte bald den armen Frosch vergessen.

Am andern Tage, als sie mit dem König und allen Hofleuten sich zur Tafel gesetzt hatte und von ihrem goldenen Tellerlein aß, da kam, plitsch, platsch, plitsch, platsch, etwas die Marmortreppe heraufgekrochen, und als es oben angelangt war, klopfte es an der Tür und rief: „Königstochter, jüngste, mach mir auf."

Sie lief und wollte sehen, wer draußen wäre, als sie aber aufmachte, so saß der Frosch davor. Da warf sie die Tür hastig zu, setzte sich wieder an den Tisch, und war ihr ganz angst.

Der König sah wohl, dass ihr das Herz gewaltig klopfte, und sprach: „Mei Kienerl, wos fiachstn di 'n asua? Stöiht dou ebba a Riese vor da Diar und wüll di huln?"

„A wo", antwortete sie, „koi Riese, sondern a greislicher Fruasch."

„Wos wüll 'n der Fruasch vo dir?"

„Ach, Papa, wöi ich gestern im Wold bei dem Brunna gsessn bin und gspült ho, dou is ma mei guldne Kugel ins Wasser eigfalln. Und waal ich so gwoint ho, houd s' da Fruasch wieder aaffaghult. Und waal er 's verlangt ghabt houd, hob nan ich versprochn ghabt, dass er mei Gsöll wiad. Ich hob doch ower nie denkt, dass er aas seim Wasser aassa kannt. Öitzt is er draassn und wüll zu mir eina."

Indem klopfte es zum zweitenmal und rief: „Königstochter, jüngste, mach mir auf, weißt du nicht, was gestern du zu mir gesagt bei dem kühlen Brunnenwasser? Königstochter, jüngste, mach mir auf."

Da sagte der König: „Wos du versprochn housd, moußt aa haltn! Göih ner und mach nan aaf!"

Sie ging und öffnete die Türe. Da hüpfte der Frosch herein, ihr immer auf dem Fuße nach, bis zu ihrem Stuhl.

Wie er nun da saß, rief er: „Heb mich herauf zu dir." Sie zauderte, bis es endlich der König befahl.

Als der Frosch erst auf dem Stuhl war, wollte er auf den Tisch, und als er da saß, sprach er: „Nun schieb mir dein goldenes Tellerlein näher, damit wir zusammen essen." Das tat sie zwar, aber man sah wohl, dass sie 's nicht gerne tat.

Der Frosch ließ sich 's gut schmecken, aber ihr blieb fast jedes Bisslein im Halse. Endlich sprach er: „Ich habe mich satt gegessen und bin müde, nun trag mich in dein Kämmerlein und mach dein seiden Bettlein zurecht, da wollen wir uns schlafen legen."

Die Königstochter fing an zu weinen und fürchtete sich vor dem kalten Frosch, den sie nicht anzurühren getraute und der nun in ihrem schönen reinen Bettlein schlafen sollte.

Der König aber ward zornig und sprach: „Wer dir gholfn houd in da Noud, den sollst hernou niad verachtn."

Da packte sie ihn mit zwei Fingern, trug ihn hinauf und setzte ihn in eine Ecke.

Als sie aber im Bett lag, kam er gekrochen und sprach: „Ich bin müde, ich will schlafen so gut wie du: heb mich herauf, oder ich sag's deinem Vater."

Da ward sie erst bitterböse, holte ihn herauf und warf ihn aus allen Kräften wider die Wand.

„Öitzt wiast dei Rouh hom, du greislicher Fruasch!" rief sie.

Als er aber herabfiel, war er kein Frosch, sondern ein Königssohn mit schönen und freundlichen Augen. Der war nun nach ihres Vaters Willen ihr lieber Geselle und Gemahl. Da erzählte er ihr, er wäre von einer bösen

Hexe verwünscht worden, und niemand hätte ihn aus dem Brunnen erlösen können als sie allein, und morgen wollten sie zusammen in sein Reich gehen.

Der Prinz sprach sodann: „Jetzt möchte ich dich aber auch noch an die Wand schmeißen, damit du dich auch verwandelst. Nein, nicht zur Fröschin. Aber zu einer Prinzessin, deren Sprache ich verstehe."

Da packte diese den holden Königssohn blitzschnell und küsste ihn innigst.

Darauf sagte sie leise: „Verstöihst mi öitzt, mei Fruaschprinz?!"

Und plötzlich verstand er sie.

Der Kuss hatte ihn ein zweites Mal verwandelt. Und er hauchte ihr zurück: „Ja, öitzt verstöih i di", und wunderte sich selbst darüber, wie er sprach ...

Schnöiweißerl

(getragenes Gedicht mit vielen Versmaßvariationen)

Es woar amal mittn im Winter,
und wöi Federn san d' Schnöiflockn gfloong.
A Fenster und d' Kenigi dahinter
am Naahn, grahmt voram Ebnhulzboong.

Und wöi s' as Fenster aafmacht und nou 'n Schnöi affischaut
sticht sie si mit da Noudl in 'n Finger
und es falln dann deeszweng dou drei Tropfn Bloud
in 'n Schnöi ei und döin nan durchdringa.

Und waal dees Roud im weißn Schnöi sua schöi aasgschaut houd
höid s' dees Kind, dees sie si wünscht in Gotts Nama,

gern sua weiß wöi den Schnöi, sua roud wöi dees Bloud
und sua schwoaz wöi dees Hulz an dem Rahma.

Bald draaf houd s' dann aa wiaklich a Moiderl geborn,
d' Houa schwoaz, d' Haut schnöiweiß und roud.
„Schnöiweißerl" houd sie 's daaffd und is sölwer bald gstorbn.
So spüln oft as Lebn und da Doud.

Da Kenig houd gheirat bal iwer 's Joahr
a schöine Frau, ower stolz und iwerdiwer.
Döi houd niad leidn kinna, wenn dou irgndwer woar,
döi schöiner gween waar als sie sölwer.

A Spöigl is ghengt an ihrer Wend
zaubrisch und aa wunderbar

den houd s' immer gfrougt, ob er wen kennt,
der wou nu schöiner als sie sölwer waar.
„Spöigerl, Spöigerl, red und zeich:
wer is die Schöinst im ganzn Reich?"
Und wöi da Spöigl gsagt houd: „Du, Königin!"
woar sie wieder mit da Wölt und sich zfriedn.

As Schnöiweißerl is grouß woan und immer schöiner
und woar dann scho gwiß mit erscht siebn
so schöi wöi da Dooch und - bald zum höina -
vül schöiner als wöi d' Kenigin.

Und wöi döi frougt: „Spöigerl, Spöigerl, red und zeich,
ich wüll wissn: wer is die Schöinst im ganzn Reich?"
Sagt da Spöigl: „Du bist gwiß oach schöi aa immer nu,
ower 's Schnöiweißerl is tausndmal schöiner wöi du!"

Dou is s' dann daschrockn fei d' Kenigin
is gölb woan und gröi ner vor Neid.
As Schnöiweißerl wenn s' gsehng houd im
Schluaßpalast drin
houd 's ihr 's Herz ummadraaht, ower
gscheid.

Und da Hass und da Houchmout san gwachsn
wöi Kraat
in ihrm Herzn höicha und höicha.
Sie houd koi Rouh möina gfunna vo fröih bis
nachts spaat.
Dou roufts 'n Jager, dass er 's oschlacht wöi
d' Vöicha.

„Bring 's assi in Wold, ich kann 's nimmer
sehng!
Mach 's doud dees bloudig jung Dingerl!
Ihr Lunga und d' Leber, dass i woiß, es is
gschehng,
doust mia ower dann wieder mitbringa."

Da Jager is Knecht und föihat s' in Wold
und wüll ihr Herz mi' m Messer durchbohrn.
Schnöiweißerl woint, ihr is alles so kold,
und sie schreit drum dem Jager in d' Ohrn:

„Ach, Jager, du löiwer, ach, lou mir mei Lebn!
Ich göih ei in 'n Wold und nie ham!"
Und da Jager vor Mitleid houd dees Moidl frei gebn,
und denkt, d' Vöicha fressn s' eh zamm.

Und wöi dann a Wüldsau dahergsprunga kummt,
sticht as o und nimmt d' Leber und Lunga.
Und d' Kenigin loud 's kochn, isst 's und summt,
waal s' moint, dees is vo da Junga.

Öitzt woar dees oame Kind muttersölnalloi
draass im Wold mit Angst, vuller Unrouh.
Dou fangt s' as laaffn a iwer Dorna und Stoi
und d' Vöicha hom ihr goua nix dou.

Es is gloffn solang wöi s' laaffn houd kinna
und bald is scho Oubnd woan dou draass.
Dou doud 's a kloins Haisl im Wold drinna finna
und denkt dou drin rouh i mi aas.

In dem Haisl woar alles zierlich und kloi
und saawer, sua wöi nie beschriebn.
A weißdeckts Discherl, Deller wöi sunst nöichats oi,
so winzig, und grod Sticka siebn.

Und jeds Dellerl mit an Lefferl und Messerla aa
dazou Gowala und kloine Becher wöi gleckt.
Und d' Betterla neweranand möin wieder siebn saa
schöi mit schnöiweiße Döicha zoudeckt.

Schnöiweißerl, waal 's Durst und vül Hunger ghabt houd,
houd vo jedm kloin Deller wos greibert:
a wengerl a Gmöis und a wengerl a Broud,
weng wos trunkn, dass halt jedm wos bleibert.

Hernou, waal s' so möid woar, wollt 's in a Betterl si leeng,
ower koins passt, jeds woar z' kurz oder z' lang.
Erscht as siebte woar recht, niad z' breit und niad z' eng,
draaf schlouft 's ei mit an „Herrgott, saa Dank!"

Wöi 's dunkl woan is, kumma d' Haisl-Herrn ham.
Es woan alles zamm grod siebn Zwerch,
döi in ihrer Oawat Erz hackn und glaabn
in oin vo genau siebn Berch.

Sie hom ihre siebn Löichterln azundn.
Und wöi 's dann schöi hell woar im Zimmer,
hom s' alles a wengerl anders fiagfundn.
D' Hausordnung woar niad sua wöi immer.

Da erscht frougt: „Wer houd aaf meim Stöhlerl drobn gsessn?"
Da zwoat: „Wer vo meiner Semml wos gnumma?"
Da dritt sagt: „Wer houd vo meim Dellerl wos gessn?"
Da viert: „Wou is mei Gmöis dou hikumma?"

Da fünft frougt: „Wer houd mir mei Goberl versunkn?"
Da sechst: „Wer mit meim Messer wos gschnien?"
Da siebt sagt: „Wer houd vo meim Becherl wos trunkn?"
So stenga s' ganz baff alle siebn.

Da erscht draaht si um, siehgt in seim Betterl a Dölln,
frougt: „Wer is aaf mei Betterl denn treen?"
Dou kumma di andern, sehng aa setter Stölln
und song: „Bei mir is fei aa wer drin gleeng!"

Und wöi dann da siebt in sei Betterl eischaut,
dou is as Schnöiweißerl drin gleeng.
Er rouft nou di andern. Döi hom ihrne Aung nimmer traut,
und huln d' Lamperln, damit sie 's gscheid sehng.

„Mei Herrgott!" rouft dou jeder aas seiner Eckn,
„mei Herrgott, wöi is dees Kind schöi!"
Und hom suavül Freid ghabt, dass sie 's niad aafweckn,
und im Bett einfach weiterschloufn löin.

Da siebte verbringt die Nacht in sechs Bettn.
Bei jedem Zwerch schlouft a a Stund.
Sua döins alle zamm den Moiderl-Schlouf rettn.
Und scho is d' Nacht aa wieder um.

Wöi 's fröih woar, dou is as Schnöiweißerl aafgwacht
und daschrickt, wöi 's döi siebn Zwercherln siehgt.
Und alle froung s' nou ihrn Nama. Und wöi s' nan sagt
houd sie scho alle Zwercherln oach gmiegt.

Und d' Zwercherln froung weiter: „Wöi kummst du dou her?"
Und sie verzöhlt vo dem Jager im Wold,
der aaf Beföhl vo da Stöifmutter - neidisch wöi ner grod wer -
sie duat mi 'm Messer halt umbringa sollt.

„Mogst bei uns haushaltn, kochn, waschn und naahn?
Strickn und putzn?" hom s' gfrougt alle siebn.
„Haltst alles schöi sawer, wiad 's dir bei uns an nix faahln."
Sie sagt: „Ja! Herzlich gern!" und is bliebn.

In Ordnung houd sie dees Haisl dann ghaltn,
denn d' Zwerch woan oft fuat bis aaf d' Nacht.
Und kumma s' vom Oawan die siebn Gestaltn
houd sie scho as Oubndessn gmacht.

Und waal s' doochs alloi woar, gebn d' Zwercherln ihr a:
„Du, dei Stöifmutter woiß sicher scho bal,
wous du bist und wöi sie di finna ka.
Lou blouß nie wen ins Haus! Aaf koin Fall!"

D' Kenigin ower, wöi s' doch dou glaabt ghabt houd,
ihra Lunga gessn ghabt z' hom,
houd nix andersch denkt, als dass s' die erschte saa doud,
d' schöinst, bitt 'n Spöigl sie wieder zu lobn:

„Spöigerl, Spöigerl, red und zeich:
Wer is die Schöinst im ganzn Reich?"
„Kenigin, ihr saats die Schöinst vo dou, gwiß.
Ower 's Schnöiweißerl driebn iwer die Berch
duatn bei deni siebn Zwerch
nu tausndmal d' Schöinere is!"

Dou is s' glei daschrockn, denn sie houd ja gwißt,
dass ihr Spöigl sie nu nie agloong houd,
und da Jager houd s' betroong mitra List,
und 's Schnöiweißerl is am Lebn und niad doud.

Sofort houd s' draaf gsunna, wöi sie 's umbringa kaannt,
waal ihr Neid houd doch nu nie Rouh gebn ghabt,
houd as Gsicht si agschmiert und a Krameri-Gwand
iwerzoong und sua is s' dann lousgschlappt.

Koina höid s' kennt als suara Gestalt
in der s' ganga is iwer d' siebn Berch.
„Schöine Woar böit i faal!" houd s' laut gschria die Alt,
wöi s' klopft an da Diar vo die siebn Zwerch.

's Schnöiweißerl schaut aassa zum Fenster und sagt:
„Gröiß Gott, löiwe Frau, wos hom s' zum verkaaffn?"
„Goude Woar, schöine Woar, Zeich, dees ma gern tragt",

sagt d' Böis. „Seidne Bandln höid ich nu an Haaffn."

„Dees ehrliche Wei kann i gwiß einaloua",
denkt 's Schnöiweißerl und kaafft si a Baanderl.
Und die Alt doud 's ihr ummi und schnöiat 's sua oach zamma goua,
dass 'n Moidl d' Luft wegbleibt im Gwaanderl.

Wöi doud fallt sie um und die Böis sagt zu ihr:
„Öitzt bist d' Schöinst gween!" und rennt wieder fuat.
Doch kurz draaf am Oubnd, stenga d' Zwerch in da Diar,
und daschreckn, waal sie liegt wöi doud duat.

Sie hebn s' aaf und sehng, dass s' z' fest zougschnöiat is

und schneidn 's Baandl ganz schnöll aassra-
nand.
Dou kröigt s' wieder Luft, und d' Zwerch san si gwiß,
dass s' wieder zruck is vo ihrm Lebn sein Rand.

Wöi s' gheat hom, wos gween is, song d' Zwerch zu ihr dann:
„Döi Krameri woar 's gottlouse Wei!
Lou nemats mehr eina, wenn mia wegga san!"
Daham zruck frougt d' Böis wieder glei:

„Spöigerl, Spöigerl, red und zeich:
Wer is die Schöinst im ganzn Reich?"
„Kenigin, Ihr saats die Schöinst vo dou, gwiss!
Ower 's Schnöiweißerl driebn iwer die Berch
duat bei deni siebn Zwerch
nu tausndmal d' Schöinere is!"

Waal 's Schnöiweißerl nu lebt, laafft ihr as Bloud zamm:
„Ower öitzt, glaab ma 's, richt i di zgrund!"
Und mit Hexakunst macht sie an giftign Kamm,
'n Schnöiweißerl soll schloong die letzt Stund.

Sie göiht iwer d' siebn Berch als a alts Wei verkleidt
zu die siebn Zwerch und klopft an da Diar.
„Goude Woar böit i faal!" rouft s'. „Wer is denn dou heit?
Göih weiter!" sagt 's Schnöiweißerl zu ihr.

„Nix geecha di, ich dearf koin einaloua."
„Ower aschaua!" sagt 's Wei und zeigt ihr 'n Kamm.
Waal a ihr gfallt, steckt s' nan aa glei in ihr Houa.
Wöi as Gift wiakt, bricht 's Moidl bal zamm.

„Du allerallerschöinste, öitzt is um di gschehng!"
sagt dees boshafte Wei und göiht weg.
Zum Glick is bald Oubnd, wou s' die Zwerch dann lieng sehng
grod wöi doud, draass vorm Haisl im Dreeg.

An d' Stöifmutter hom s' glei denkt und souchn nou wos
und finna den Kaampl mit Gift
und zöing nan glei aassa, und aa döi giftige Soss,
damit si 's Moidl im Lebn wieder trifft.

As Schnöiweißerl kummt zu si und verzöhlt vo dem Wei.
Und nu amal bittn s' allzamm:
„Du mousst aaf da Houd saa! Spirr di löiwer ei!"
Und d' Böis frougt ihrn Spöigl daham:

„Spöigerl, Spöigerl, red und zeich:

Wer is die Schöinst im ganzn Reich?"
"Kenigin, Ihr saats die Schöinst vo dou, gwiß!
Ower 's Schnöiweißerl driebn iwer die Berch
duat bei deni siebn Zwerch
nu tausndmal d' Schöinere is!"

Wöi s' den Spöigl so redn heat, dou packt sie da Zorn.
"As Schnöiweißerl soll sterbn!" rouft s' dou laut,
und iwerlegt wieder wöi, wieder vo vorn,
und sagt: "Und bringt 's mir aa sölwer 'n Doud!"

In an Kammerl, dees wou ganz versteckt im Schluaß liegt,
houd s' an Epfl zu an giftign gmacht,
an schöiner mit roudn Backn, der wou, wenn ma 'n siehgt,
oin zum eibeissn deiflisch alacht.

Und wieder zöigt s' lous, as Gsicht gfaarbt, und verkleidt
wöi a Baieri, mit dem Epfl bei ihr,
zu die siebn Zwerch iwer die siebn Berch sua weit
und klopft bei dem Haisl an d' Diar.

As Schnöiweißerl houd zum Fenster 'n Kuapf aassagstreckt:
„Nemats dearf eina, d' Zwerch hom 's ma verboon!"
„Scho recht", sagt d' Baieri, „döi Epfl kumma scho weg.
Ich schenk da oin. Dees kann da niad schoon!"

„Naa", sagt 's Schnöiweißerl, „ich nimm nix mehr a!"
„Housd du Angst, der waar giftig?" frougt d' Alt,

„dou, ich schneid nan durch. Siehgst, dass nix passiern ka!
Dees weiß iss ich, den roun Backn bfaltst."

Da Epfl ower woar sua hergricht, dass ner im roun Backn as Gift drinna liegt.
'n Schnöiweißerl glustert der Epfl nu mehr, wöi s' d' Baieri den essn siehgt.

Sie streckt d' Hend danou aas und nimmt 's giftige Daal
und wöi s' eibeisst, fallt s' um und is doud.
D' Kenigi schaut s' a und sagt nouara Waal:
„Weiß wöi Schnöi, schwoaz wöi Ebnhulz, bloudroud!"

Daham frougt s': „Spöigerl, Spöigerl, red und zeich:
Wer is die Schöinst im ganzn Reich?"
Und wöi der sagt: „Ihr saats die Schöinst vo dou!"

houd ihr neidisch Herz endlich, endlich an Rouh.

D' Zwercherla dann, wöi s' oubnds hamkumma döin,
finna 's Schnöiweißerl doud am Ejabodn lieng.
Sie hom 's aafghom und ghofft, dass s' wos gfunna höin
a Baandl, an Kaampl, irgnda giftigs Ding.

Alles souchn hülft nix, aaras waschn aaf zletzt:
Dees löiwe Kind, dees woar doud und is 's bliebn.
Dann hom sie 's aafbaahrt und si im Kreis ummigsetzt.
Drei Dooch lang hom s' gwoint alle Siebn.

Sie wolltn 's begrobn, doch waal s' sua frisch aasgschaut houd

wöi a lebendiger Mensch und sua schöi
mit roude Backn, wöi eigschloufn und sua
zou,
hom s' gsagt: „Naa, Leit, dees löi ma göih!"

In an Glossarg durchsichtig hom sie 's dann
eidou.
Vo alle Seitn housd dou eischaua kinna.
Ihrn Nama hom s' draafgschriebn und aa nu
dazou:
„Dou liegt a Prinzessin doud drinna."

'n Sarg hom s' aaf 'm Berch. Und oina bleibt
imma duat,
doud nan bewachn. Und aa d' Vöicha san dou-
hi,
hom um 's Schnöiweißerl gwoint. A Kauz, a
Krouha und sua
und zletzt woint aa a Daiberl um sie.

Ganz lang liegt s' im Sarg, doch schaut's guad aas nu mords,
is niad verwest, wöi wenns blouß schloufn doud.
Waal sie woar immer nu weiß wöi da Schnöi und sua schwoaz
wöi as Ebnhulz, und sua roud aa wöi Bloud.

Dann is 's ower gschehng, dass grod in den Wold
a Königsbou einigroun is,
der im Zwerchheiserl dann iwernachtn wollt
statt draass aaf da offenen Wies.

Der houd dann am Berch obn den Sarg stöi-hat sehng
und as schöine Schnöiweißerl drin lieng,
houd glesn, wos dou gschriebn woar. Längst woar 's um ihn gschehng:
dees Moidl woar einfach narrisch zum mieng!

„Göih, löits mir den Sarg!" houd er d' Zwercherln bitt,
„ich gib eich dafia, wosts ihr wollts!"
Doch d' Zwercherln hom gsagt, dass 's den niad z' okaaffn gibt,
aa niad fia dera Welt ihr ganz Gold.

Doch er beedlt, sie michat 'n nan schenkn goua,
denn er kannt doch niad sua weiterlebn,
ohne as Schnöiweißerl alle Dooch azumschaua.
Er wiad 's achtn und ehrn, wenn s' nan ihm gebn.

Sua is 's nan glunga in d' Zwerchherzn zu dringa
und sua hom s' nan den Sarg iwergebn.
Da Prinz rouft sei Diener, damit s' den Sarg weggabringa.
Döi döin nan aaf ihre Schultern houch hebn.

Dou passiert 's, dass s' stolpern, wöi da Prinz
„Servus!" gröißt,
und vo dem Schiedln der giftige Bissn,
der 'n Schnöiweißerl im Hols steckert bliebn
woar, si löist
und aassafallt aaf as Sargbetterlkissn.

Und niad lang und sie macht d' Aung aaf und
hebt
den Sargdeckl in d' Höich trotz seim Gwicht.
Und alle um sie ummi sehng, dass s' wieder
lebt
und hearn s' song: „Ach Gott, wou bin ich?"

„Du bist bei mir", sagt da Prinz vuller Freid
und verzöhlt, wöi si alls zoutroong ghabt
houd.
„Ich hob di löiwer wöi alls, seit ich di gsehng
ho heit!
Kumm mit mir und wia du mei Braut!"

As Schnöiweißerl woar goud gsunna und is
mit ihm mit.
Und ihr Houchzat hom s' ganz grouß agsetzt.
Zu dem Fest hom s' dann aa d' Stöifmutter
herbitt,
döi nix woiß vo dem alln ja bis aaf zletzt.

Sie frougt nu: „Spöigerl, Spöigerl, red und
zeich:
Wer is die Schöinst im ganzn Reich?"
Da Spöigl sagt: „Kenigin, die Schöinst dou
bist du.
Ower die Braut is tausndmal schöiner nu!"

Dou floucht s' und kröigt Angst, bis sie si
goua nimmer kennt,
und wollt zerscht scho glei nimmer higöih.
Doch loud 's ihr koi Rouh, und is doch
higrennt,
sie wollt sehng, wer dou saa soll sua schöi.

Und wöi s' hikummt erkennt s' as Schnöiwei-
ßerl aa glei,
und vor Angst und waal s' sua oach da-
schrickt,
kann sie si niad reeng mehr dees gottlouse
Wei
und stöiht dou fei wöi vom Deifl gschickt.

Und es woan scho Pantoffln hoaß gmacht aam
Feier,
döi ma mit Zangan glei einatroong houd.
Eischlupfn mou s' in döi glöihadn Schouch
zum Bereia
und drin danzn bis zu ihrm baldign Doud.

Rapunzlerich

Es woar amal und is heit immer nu oft ganz anderscht, wöi ma moint.

Und sua houd amal a Booder sölwer vül Houa ghabt. Fei echt. Sei Wei ower: a recht a gscheide Plaschn. Hmmmmh! Deeszweng houd döi allawaal Perückn troong. Vöia Stick houds ghabt. A monroeblonde, a feiaroude, a beesch-bräunlich-brinette und a kuhl-schwoaze. A mords Auswahl also, fia alle möglichn Anläss halt.

Irgndwann houds dem plaschatn Wei allawaal nou Feldsalat glust. Und akrat nou dem im Goatn vo ihrm Nachbarn oder ihrer Nachbari. Sua genau houd ma dees goua niad gwusst, ob dees a -bar oder -bari woar, waal ma dou eigntlich nie wen gsehng houd, im Goatn. Und wenn ma wen gsehng houd, houd ma dees aa niad genau erkenna kinna.

Aaf jedn Fall is in dem Goatn suavül schöiner Feldsalat gwachsn. Und - ganz nebenbei -, weils nu „fröihers" woar, hom döi niad Feldsalat zum Feldsalat gsagt, sondern Rapunzel. Komisch, oder? So hoißt doch vielleicht amal a schöins Moidl in an Märchen, ower doch niad a Feldsalat!
Wurscht.
Apropos Wurscht: Da Booder woar immer ganz narrisch aaf an Wurschtsalat! Ower: dees doud öitzt nix zur Sach. Desweng - wou woar ma? - Ah, ja:
Also: As Wei höit gern an Feldsalat ghabt. Dou houd si halt da Booder mal in da Nacht iwigschliechn in den Goatn und a Heipl oder a poar Heipala ghult. Oder, wöi sagt ma bei am Feldsalat? Bischala?
Wurscht.
Beim erschtn Mal is dees nu goud ganga. Ower, waal der Feldsalat dem Wei sua goud

gschmeckt ghabt houd, is da Booder in der nächsten Noat glei nu amal iwi in den Goatn. Und dou, beim zwoatn Mal, is ' - aa nu goud ganga.

ower dann halt beim drittn Mal! Mei, stöiht dou galing a alts Manderl, wou aasgschaut houd wöi a Hex, ower wohl öiana a Zauberertransvestit woar, hinter ihm und faucht nan a: „He, he, he! Du Reiber, du misrabliger! Lou mei Rapunzln in Rouh! Du schneidst ma ja koine möina o! Glei dou i di verzaubern!"

„Naa," sagt dou da Booder, „ich schneid doch koine o. Ich schneid döi doch blouß zou. Döi hom ma so leid dou mit ihrene Zurlan. Siehgst dees niad, wöi döi ganz zouwachsn? Und dou hob i ma denkt, deni mach i doch öitzt noun Feieroubnd amal a gscheide Rapunzlfrisur."

Dou houd der/die alt/e Dackl/Nudl gsagt: „Ja, bist du ebba a Booder?!"

„Ja, fraali!"

„Ja, sooch, kannst du dann ebba goar amal meim Boum d' Houa gscheid stutzn, waal dean hob i vor a poar Jouhan a wengerl an Hausarrest gebn, und öitzt kummt a also sua goud wöi nöichats möina hi. Und sei Houa wachsn und wachsn, so dass as scho zu an langa Zuapf flechtn houd möin."

„Ja, döi junger Leit", sagt da Booder. Und dann nu: „Fraali, schneid ich dein Boum sei Houa!".

„Na, dann göih amal mid," houd da/die Alt gsagt und houd nan ums Haus ummigföihat.

Und hinterm Haus woar a Baam. Und in dem Baam woar a Haisl. A Baamhaisl. Und in dem Baamhaisl woar a Fensterl. Und in dem Fensterl woar a Nesterl. - Ah! - Naaa, falsch! In dem Fensterl houd ma den Boum scho sitzn sehng.

Und da/die alt Nachbar/i houd zu sein/ihrn Boum im Baam aaffigschria: „Rapunzlerich!"

Waal der ower niad gantwort houd, houd a/s' nu amal aaffigschria: "Raaaapuuuuunzleriiiiich!"

Und dann glei nouchigsetzt: "He, du alter Stubnhocker! Schau amal zum Fenster aassa!"

Und wöi der Bou dann tatsächlich aasm Fenster aassagschaut houd, houd an / s' nan agfaucht: "Rapunzlerich, du Krippnvöicherl, lou amal dei Houa unter! Da Booder soll dir amal dei Zurl oschnein!"

Da Booder ower woar direkt unter dem Baamhaislfenster gstandn. Und wöi öitzat der Rapunzlerich sein langa, schwaarn Zuapf vo dou obn nou untn oichigschmissn houd, houd er direkt den Booder dawischt. Und waal der Zuapf sua a richtig verfülzter, stoaschwaarer Rasta-Schlegl gween is, woar da Booder aaf da Stöll doud.

Und wenn er niad gstorbn is - Öh? - Naa, dees ghöit ja in dem Fall dann nimmer.

Wurscht!
In jedem Fall houd sei Wei dann aaf da Beerdigung die schwoaze Perückn troong ...

Nachtrag:

Und wenn dees Wei niad gstorbn is - Öh? - Naa!: Waal döi niad gstorbn is, houd's wieder gheirat. Und zwar den Rapunzlerich. Und aas sein Zuapf houd sie si nu vüle Perückn machn loua. Aa fruaschgröine und lutscherrosane. Fia alle Föll halt ...

D' Weidner Stodtmusikantn

oder: Wos bessers wöi 'n Doud (Lied)

An Iasl, der scho z' olt woar,
um d' Säck zum troong,
wollt da Bauer louswerdn
und vom Huaf weggoong.
Da Iasl is vo sölwer weg,
er houd 's längst gspannt,
und wollt in d' Weidn und duat lebn
als Stroußnmusikant.
Aaf 'm Weech trifft a an Hund,
vül z' olt zum Vöicha joong.
Deeszweng wolltnan sei Leit
öitzt bald daschloong.
Er is weggagrennt und frougt,
vo wos er öitzt lebn kannt.
Dou sagt da Iasl: Göih mit mir
und wir Stroußnmusikant.

Mia hom nix zum Verlian,
göih, probier ma 's mal,
waal, wos bessers wöi 'n Doud
findst iwerall

Wöi s' weitergenga hearn s' a Katz,
jammern und kloong:
Ich bin olt, mei Zeah san stumpf,
öitzt wolln s' mir an 'n Groong.
Woiß niad wou hi, ich bin doch
blouß nu a Schand.
Sagt da Iasl: Göih mit uns
und wir Stroußnmusikant.
Alle drei trifft dann a Gschrei
mittn in 'n Moong.
A Gockl sollt in d' Suppn,
is vo seim Huaf weggfloong.
Er schreiat deeszweng so laut,
waal as eh nimmer lang kannt.
Doch die andern soong: Göih mit uns
und wir Stroußnmusikant.

Mia hom nix zum Verlian,
göih, probier ma 's mal,
waal, wos bessers wöi 'n Doud
findst iwerall.

Und wöi 's Nacht wiad san s' scho ganz
schöi weit grennt
und sehng im Wold a Haisl,
wou nu Löicht drin brennt.
Und Reiber döin si drin
d' Beich mit Essn vullschloong.
Und dou gspian alle 4
ihr Luach im Moong.
Dou kraxln s' einfach
aaffranand,
schreia, belln, miaun und kraahn
wüld durchanand,
springa wöi als Gspenst
durch d' Fensterscheibn
und döin asua döi Reiber
aas 'm Haus vertreibn.

Dou siehgst, wos 's Lebn nu iwrig houd
wenn ma zammahaltn doud.
Drum gib niad aaf und gib niad nou
göiht 's dir amal aa niad so goud.
Du housd nix zum Verlian,
probier 's amal,
waal, wos bessers wöi 'n Doud
findst iwerall.

A dougouds dramsöligs Dornröiserl

(etwas inspiriert durch den Stil des Mundartdichters
Felix Hörburger)

Kaasige Kenigsleit kröing kruxendlich a Kind
Forlatta Freid feians a frudlgrouß Fest
Ouh, ower ohne a oaschgrigglwichtige Ober-
fee
Döi doud deeszweng draggszornig dees Din-
gerlkinderl durch an Drumflouch daleeng
Schloogfuffzeajaahrich - schbringschpöigl-
schöi scho - schloufts an schnarch-
joahrhundrign Schlouf
Und umadum umwachsts a umbandige Um-
drodldornheckn

Vül Viariwatsprinzn verreggn viertlsjouha-
weis versouchad vridschldurch a vermodlds
Vöichdornstauanluach viazdringa
Nou neinaneinzgundan Natzjouha nöits na-
chad nibldoch nu a narrischer Noumit-
doochsprinz
Kummt, krawlt knöikrumm a Kurzstickerl,
kobröidat, küssts
Ah! A Aungblick - aaframalwachtsaaf!

Drum dearf dann der Deichslskerl dees
dnaatziche Dramwei dzum Draualtar droong
- a dougouds dramsöligs Dornröiserl

Der schneidige Tapferl

Es war einmal vor langer Zeit, als die Menschen in der Oberpfalz noch alle Dialekt gesprochen haben und einen König hatten, da saß Schneidermeister Tapferl von Knopfenberg auf seinem Tisch am Fenster. Er nähte gerade aus Leibeskräften, als eine Bauersfrau die Straße herab kam und rief: „Goudn Epflbrei zum verkaaffn! Goudn Epflbrei zum verkaaffn!"

Das klang dem lebenslustigen Tapferl verlockend in die Ohren und so rief er zum Fenster hinaus: „Dou aaffa, Weiberl, bei mir wiast dei Woar lous."

Die Frau stieg die drei Treppen mit ihrem schweren Korb zum Schneider herauf und musste alle Töpfe vor ihm auspacken. Dieser hat sie alle genau besehen, hob sie in die Höhe, hielt die Nase dran und sagte endlich:

„Der Epflbrei dou schaut doch goud aas. Wöich ma dou 100 Gramm davo o, und wenn's a viertlts Pfund wiad, soll's ma aa recht saa." Die Frau, welche gehofft hatte, einen guten Absatz zu machen, gab ihm, was er verlangte, ging aber ganz verärgert und brummig davon.

„Sodalas, den Epflbrei soll ma da Himmlvater seenga", sprach Tapferl, „und der soll ma Kraft und Stiakn gebn". So holte der Schneider Brot aus dem Schrank, schnitt sich ein Stück und strich das Mus darüber. „Dees wiad a Schmaus," freute er sich, „ower zerscht wül i dees Gwams dou fertig machn, bevor i davo oarabeiss."

Er legte also das Brot neben sich, nähte weiter und machte vor Freude immer größere Stiche. Indes stieg der Geruch von dem süßen Mus hinauf an die Zimmerdecke, wo Fliegen in großer Menge saßen, so dass sie herangelockt wurden und sich scharenweise darauf niederließen. „Ahe, wer houd denn eich eigloon?" schimpfte Tapferl vergnügt und jagte die ungebetenen Gäste fort. Die Fliegen aber, die kein Oberpfälzisch verstanden, ließen sich nicht abweisen, sondern kamen in immer größerer Gesellschaft wieder. Da lief dem frohen Schneidermeister doch die Laus über die Leber, und er langte nach einem Lappen, und „Woats ner, eich wir i 's scho zeing!" schlug er unbarmherzig auf das Stück Brot. Als er das Tuch wegzog und zählte, lagen nicht weniger als sieben Fliegen tot vor ihm.

„Tapferl, du bist a Deichslskerl!" freute er sich und bewunderte selbst seine Tapferkeit. „Dees soll die ganz Stodt dafoahn!" Und gleich schnitt und nähte sich der Schneider eine Schärpe, und stickte mit großen Buchstaben darauf „Sieben auf einen Streich!"

„Göih, wos sooch ich denn: Stodt!" sprach er

weiter, „die ganze Welt soll 's dafoahn!" Und sein Herz wackelte ihm vor Freude wie ein Lämmerschwänzchen. Der Schneider legte sich die Schärpe um und wollte in die Welt hinaus, weil er meinte, die Werkstätte sei zu klein für seine Tapferkeit. Eh er aufbrach, suchte er im Haus herum, ob nichts da wäre, was er mitnehmen könnte. Er fand aber nichts als einen alten Käse, den er einsteckte. Vor dem Stadttor bemerkte er einen Vogel, der sich im Gebüsch verfangen hatte, den tat er zu dem Käse in die Tasche.
Dann ging er leicht und beschwingt des Wegs und fühlte lange keine Müdigkeit.

Der Weg führte ihn auf einen Berg, und als er den höchsten Gipfel erreicht hatte, saß da ein gewaltiger Riese und schaute sich ganz gemächlich um. Der geschmeidige Tapferl ging beherzt auf ihn zu und redete ihn an: „Hawadehre, Kamerad, gell, du schaust vo

dou obn aas in d' grouße Welt? Ich bin grod aaf 'm Weech douhi und wüll mi dra versouchn. Housd Lust, mitzumgöih?"
Der Riese sah den Schneider verächtlich an und sprach: „Du Lump! Du miserabliger Kerl!"
„He, langsam mit da Braat!" entgegnete der flinke Schneidermeister, knöpfte den Rock auf und zeigte dem Riesen seine Schärpe. „Dou kannst lesn, wos ich fia a Kaliber bin."
Der Riese las „Sieben auf einen Streich", und meinte, das wären Menschen gewesen, die der Schneider erschlagen hätte, und bekam ein wenig Respekt vor dem kleinen Kerl. Doch wollte er ihn erst prüfen, nahm einen Stein in die Hand und drückte ihn zusammen, dass das Wasser heraustropfte.
„Mach ma dees nou," sprach der Riese, „wennst stoak gnouch bist."
„Ach, göih, is weiter niad wüld," sagte Tapferl. „Dees is doch fia unseroins a leichts", griff in die Tasche, holte den weichen Käse

heraus, tat als wäre es ein Stein und drückte ihn, dass der Saft herauslief. „Göll," sprach er, „dees woar scho a weng besser!"
Der Riese wusste nicht, was er sagen sollte, und konnte es von dem kleinen Mann nicht glauben. Da hob der Riese einen Stein auf und warf ihn so hoch, dass man ihn mit Augen kaum noch sehen konnte.
„So, du Grischperl, mach ma dees amal nou."
„Schöi gschmissn," sagte der Schneider, „ower der Sta is ja wieder aaf d' Erdn oaragfalln. Ich schmeiss dir öitzt oin sua houch, dass er goua nimmer unterkummt", griff in die Tasche, nahm den Vogel und warf ihn in die Luft.
Der Vogel, froh über seine Freiheit, stieg auf, flog fort und kam nicht wieder. „Wöi gfallt da dees, Freinderl, ha?"
„Schmeissn kannst scho," sagte der Riese, „ower öitzt woll ma amal schaua, obst du aa

imstand bist, gscheid wos zum troong." Er führte den Tapferl zu einem mächtigen Eichenbaum, der da gefällt auf dem Boden lag, und sagte: „Wennst wiaklich stoak gnouch bist, dann hülf ma den Baam dou aas 'm Wold aassizumtroong."

„Gern," antwortete der kleine Mann, „nimm du ner den Stamm aaf dei Schultern, und ich trooch halt dann d' Äst und dees ganze Zeich, dees wou ja doch am schwaarstn is."

Der Riese nahm den Stamm auf die Schulter. Der Schneider aber setzte sich auf einen Ast, und der Riese, der sich nicht umsehen konnte, musste den ganzen Baum und den Tapferl noch obendrein forttragen. Er war dahinten ganz lustig und guter Dinge, pfiff das Liedchen „Es ritten drei Schneider zum Tore hinaus", als wäre das Baumtragen ein Kinderspiel. Der Riese, nachdem er ein Stück Weg die schwere Last fortgeschleppt hatte, konnte nicht weiter und rief: „Pass aaf, ich mou den Baam falln loua." Der Schneider sprang flink herab, fasste den Baum mit beiden Armen, als wenn er ihn getragen hätte, und sprach zum Riesen: „Bist sua a groußer Lackl und kannst niad amal den Baam mittroong."

Sie gingen zusammen weiter, und als sie an einem Kirschbaum vorbeikamen, fasste der Riese die Krone des Baumes, in der die zeitigsten Früchte hingen, bog sie herab, gab sie dem Schneider in die Hand und wies ihn an davon zu essen. Der kleine Tapferl aber war viel zu schwach, um den Baum zu halten, und als der Riese losließ, fuhr der Baum in die Höhe, und der Schneider wurde mit in die Luft geschnellt. Als er wieder ohne Schaden herabgefallen war, sprach der Riese: „Wos woar öitzt dees? Housd du niad döi Kraft, dees Bischerl dou zu haltn?"

„An der Kraft faahlt 's niad", antwortete der Schneider, "wos denkstn du! Oina der siebn aaf oin Schlooch troffn houd! Ich bin wer den Baam driwergsprunga, waal doch d' Jager dou untn in döi Stauern einischöißn. Spring ma nouchi, wennst kannst."

Der Riese machte den Versuch, konnte aber nicht über den Baum kommen, sondern blieb in den Ästen hängen, also dass der kleine Schneider auch hier die Oberhand behielt.

Da sagte der Riese: „Wennst sua a tapfers Manschkerl bist, dann kumm halt mit in unser Luach und übernacht bei uns."

Der schneidige Tapferl war bereit und folgte ihm. Als sie in der Höhle ankamen, saßen da noch andere Riesen beim Feuer, und jeder hatte ein gebratenes Schaf in der Hand und aß davon. Der kleine Schneider sah sich um und dachte, es ist doch hier viel weitläufiger als in meiner Werkstatt.

Der Riese wies ihm ein Bett an und sagte: „Kannst di ja hileeng und aasschloufn". Dem Tapferl war aber das Bett zu groß, und so legte er sich nicht hinein, sondern kroch in eine Ecke. Als es Mitternacht war und der Riese meinte, der Schneider läge in tiefem Schlafe in dem Bett, stand er auf, nahm eine große Eisenstange, und schlug das Bett mit einem Schlag durch und meinte, er hätte dem Zwerg den Garaus gemacht. Am frühen Morgen gingen die Riesen in den Wald und hatten Tapferl schon ganz vergessen, da kam er auf einmal ganz lustig und verwegen dahergeschritten. Die Riesen erschraken, fürchteten, er schlüge sie alle tot, und liefen ganz hastig fort.

Ja, dees woar a Schneider mit ara Schneid!

Roudkapperl

(besorgt und anrufend lesen)

Schöins kloins Moiderl,
dei Oma mooch di so oach!
Houd dir a rouds Kapperl gschenkt,
dees du nimmer oara dou wüllst.

(eindringlich lesen)
Roudkapperl,
dei Mutter schickt di
zur Oma mit an Kouchn und an Wein.
Göih niad vom Weech o!
Pass aaf di aaf und saa goud!

(eindringlicher lesen)
Ach, schöins kloins Moiderl,
aaf 'm Weech durch 'n Wold
halt di da Wolf aaf
huacht di aas
und doud di zum Tröidln iwerredn.

(sehr besorgt lesen)
Mensch, Roudkapperl,
derawaalst du nou Blumen schaust
is da Wolf fiagrennt
und frisst dei Oma aaf!
Öitzt liegt er in ihrm Bett
und woat aaf di!

(auf 's äußerste besorgt lesen)
Pass aaf, schöins kloins Moiderl,
du merkst sölwer, dass dou wos niad stimmt!
Bei da Oma is d' Diar weit offn
und sie antwort da niad.

(hysterisch lesen)
Roudkapperl, Roudkapperl,
schau genau hi!
Döi großn Ouhan,
döi großn Aung,
döi großn Hend
und dees Maal!
Roudkapperl!

(Pause lassen)

-

(um Fassung ringend lesen)
Schöins kloins Moiderl,
housd du a Glick!
Wenn da Jager niad kumma waar!
Wenn er vorbeiganga waar,
wenn da Wolf niad gschnarcht höid!
Oder, wenn er kumma waar
und gschossn höid!

(sehr erleichtert lesen)
Roudkapperl, gfrei di!
Du lebst!
Und d' Oma aa!
Döi houd öitzt an Kouchn
da Jager an Wolfspelz
und du, du housd an Dusl!

Frau Holle

(gstanzlt)

A Witwe, a Witwe,
döi houd nu ghabt zwöi Dechter
Die oine goud und fleißig
Die ander faal und schlechter

Die Faale, die Faale,
schöich wöi a Fratznschöiwer,
verwandtschaftsmäßig leiblich,
woar halt da Mutter löiwer

Die Goude, die Goude,
houd alle Oawat dou möin
si d' Finger bloudig gspunna,
damitsis halt in Rouh löin

Im Brunna, im Brunna,
wollt s' d' bloudig Spuln owaschn
Dou is s' ihr aas da Hend grutscht
houd s' nimmer kinnt dahaschn

As Moidl, as Moidl,
woint. Doch mit böisa Zunga
schimpft d' Mutter, sagt: „Hul s' wieder!"
Drum is dann einigsprunga.

Im Falln nu, im Falln nu,
doud ihr da Sinn ganz schwindn
Und wöi sie hernou aafwacht
mou sie si wieder findn.

A Wiesn, a Wiesn,
sua schöi mit tausnd Bluma,
is dou, und d' Sunna scheint aa
Wöi is sie dou herkumma?

Vom Uafn, vom Uafn,
rouft glei as Broud ihr zoua:
„Göih, zöich mi dou schnöll aassa,
waal ich verbrenn sunst goua!"

Die Fleißig, die Fleißig,
houd 's aassa mi 'm Broudschöiwer.

Und glei vom Baam danebn nu
döi Epfl zamm, mei Löiwer!

A Weiberl, a Weiberl,
woar in an Haisl drinna
mit grouße Zeah und Faltn
Dou wollt s' vor Angst wegrenna

„Göih, Kinderl, göih, Kinderl,
wos fiachst di 'n?!" houd die Alt gschria
„Wennst mia im Haus zur Hend göihst
dou ich dir goud. Bleib bei mir!"

„Die Bettn, die Bettn,
döi schiedlst mir halt aaf gscheid,
dass d' Federn flöing wöi Flockn
und 's sua draass in da Wölt schneit."

Frau Holle, Frau Holle
houd s' ghoißn und ihr sua goud

aa zougredt, dass dees Moidl
am End si doch draaf eiloud.

Vül Flockn, vül Flockn
houd 's gebn beim Bettn machn
As Moidl houd goud goawat
aa sunst bei alle Sachn.

Koi böis Wort, koi böis Wort
houd sie duat mehr daleidn möin
Sie houd a schöins gouds Lebn ghabt,
gouds Essn, dees oi kaam nöin.

A Hamwöih, a Hamwöih
is plötzlich in sie kumma
Frau Holle houd s' verstandn
und ihr den Kummer gnumma.

Zum Doua, zum Doua,
houd 's drum dees Moidl gföihat
Und wöi 's dann drunter stöiht, houd 's
Gold grengt aaf es wöi döiad.

„Dees Gold dees, dees Gold dees,"
sagt d' Holle „derfst du bfaltn,
waals d' goua fleißig gwen bist
und gholfn housd mir altn."

Und d' Spuln nu, und d' Spuln nu
döi doch in 'n Brunna gfalln is,
krögt sie zum Abschied wieder.
As Doua schlöißt. Daham is.

Da Gockl, da Gockl,
hockt obn aa 'm Brunna und schreit:
„Kikeriki, die Jungfrau
is gulden zruck, schauts hi, Leit!"

Fia d' Mutter, fia d' Mutter
woar s' mit dem Gold ja grod recht
Döi houd si denkt, dees Glick waar
fia d' ander ja aa niad schlecht.

Die Schöiche, die Schöiche
houd si 's ganz verzöhln loua
und wollt 's genauso machn
vom Brunna zum Gold-Doua

Ganz bloudich, ganz bloudich
macht s' an da Heckn d' Finger
Bestreicht damit ihr Spuln,
schmeisst s' ei und doud nouspringa.

Koi Hülfe, koi Hülfe
doch gibt s', wou d' Bluma stänga,
aaf dera Wies dem Broud niad
und loud aa d' Epfl hänga.

Sie fiacht si, sie fiacht si
aa niad vor dera Altn
und loud si vo ihr astölln
bei ihr mit Hauszuhaltn.

Mit Gwolt dann, mit Gwolt dann
schafft s' zerscht, wöi wenn sie recht waar
Am zwoatn Dooch merkt s' scho, dass
ihr 's faal saa wieder gfreit aa.

Doud lieng bleibn, doud lieng bleibn
am drittn Morng bis Mitdooch
und niad aafschiedln d' Bettn
wöi 's d' Holle doch gern sehng mooch.

Is leid wordn, is leid wordn
da Holle dou zouschaua,
drum houd s' da Faaln bal draaf gsagt:
„Ich dou di öitzt entloua."

Aa 'm Goldreng, aa 'm Goldreng
gfreit si suaglei die Faale,
doch wöi 's stöiht unterm Doua
sagt d' Alte: „Ja, wos, fraale!"

Und Peech rengt 's, und Peech rengt 's
D' Holle doud 's Doua schlöißn.
„Als Lou fia dees, wos d' gleist housd,
wiast öitzt a Lebn lang böißn."

Denn alles, denn alles
an ihr doud öitzt vo Peech klebn.
Koi waschn und koi kratzn
hülft möiner in ihrm Peechlebn.

Nu schöicher, nu schöicher
kummt s' sua zu ihrer Mama.
Da Gockl schreit vom Brunna:
„Die dreckate kummt hamma."

Sua göiht 's halt, sua göiht 's halt
wenns d' moinst du bist wos bessers
und dass dir alles zoufallt.
Ma teischt si leicht. Oh, Jessas!

Rumplstülzerl

A Müller houd fiagebn
sei Dochter kannt spinna:
Strouh zu Gold.
Dou is s' aaf d' Prob gstellt woan
vom Kenig.

Eigsperrt
in a Strouhkammer am Spinnradl
fangt s' as woina a.
Aas Verzweiflung.
Waal s' dees niad kinnt houd:
Strouh zu Gold.

Kummt a kloins Manschkerl
zur Diar eina und sagt:
Gib ma dei Holsbandl,
dann spinn i fia di.
Und dees Manschkerl
houd 's aa wiaklich zammabroucht:
Strouh zu Gold.

Wöi da Kenig am nächstn Dooch
dees ganze Gold gsehng houd,
wollt er nu möinara.
In der neia, größern Strouhkammer
woint dees Moidl wieder.
Waal s' dees niad kinnt houd:
Strouh zu Gold.

Dou kummt 's wieder
dees Manschkerl.
Und fia ihrn Ring
spinnt 's wieder.
Strouh zu Gold.

Danou wüll s' da Kenig
nu oimal aaf d' Prob stelln.
Und dann heiran.
Bei dem dritten Mal ower
verlangt dees Manschkerl fia 's Spinna

as erschte Kind,
dees dees Moidl aaf d' Wölt bringa wiad.
As Moidl stimmt zou.
Und so wiad wieder
Strouh zu Gold.

Da Kenig is öitzt zfriedn
und heirat
döi Dochter vo dem Müller.
Strouh zu Gold.

A Joahr spaada
kröing s' a Kind.
Dou kummt dees Manschkerl
und verlangt 's.
Und waal d' Kenigin
so bitterlich woint,
macht dees Manschkerl
a Angebot:

Wennst mein Nama daroudst,
dearfst dei Kind bfaltn.
Drei Dooch housd Zeit.

Zerscht sammlt ihr Knecht
alle Nama im Land
weit und breit.
Doch 'n Manschkerl seina
is niad dabei.

Am zwoatn Dooch
loud s' bei die Nachbarn sammln.
Alle Nama
weit und breit.
Doch aa dou is 'n Manschkerl seina
niad dabei.

Am drittn Dooch
heard da Knecht
durch Zufall im Wold
a kloins Manschkerl soong:

Wöi goud, dass nemats woiß,
dass ich Rumplstülzerl hoiß.
Dou houd s' den Nama gwusst.
Und dees Manschkerl
houd si aas Zorn
sölwer zrissn.

Strouh zu Gold
Strouh zu Gold
doch durch Gwolt
mi 'm Lebn zohlt ...

Hansl und Gretl

nach dem bekannten Lied
mit ergänzten Strophen für den Anfang

Hansl und Gretl hom si im Wold verirrt.
Duat woar 's so finster und woam woar 's aa grod niad
Sie kumma an a Haisl aas Kouchn, Zucker, Broud.
Wer mooch dou wohna in dem kloin Haisl dou?

Ouh, ouh, a Hex kummt dou aassa vo da Diar
und lockt die Kiena mit ei ins Haus zu ihr
und doud sua als waar s' freindli. Oh, Hansl, suara Noud!
Ihn wollt s' dann broun drin im Uafn braun wöi Broud.

Doch wöi döi Hex dann in 'n Uafn einischaut,
wiad s' vo da Gretl eigstoußn in döi Gloud.
Drin houd döi Hex dann broun möin und d' Kiena san hamgrennt.
Öitzt is dees Gschichterl vo Hans und Gretl z' End.

Ergänzungstrophen für den Anfang

Hansl und Gretl woan d' Kiena voram Ma.
Mit seiner Oawat und 'm Wei woar der oam dra.
Döi wollt die Kiena louswerdn, aassetzn draass im Wold,
dass s' duat a Vöich oder goar da Deifl hult.

Schnell houd da Hansl vül Stoina zamma dou,
döi er aam Woldweech verstraat so nou und nou.
Sei Eltern hom 's niad mitkröigt, löin s' zruck

im falschn Glaabn.
Doch nachts im Moulöicht dou finna s' wieder ham.

Die böise Mutter loud halt dem Ma koi Rouh.
„Wer A sagt, mou B song! Dou 's nu amal, göih zou!"
Vül döifer möin s' in Wold ei, Hans houd blouß Broud aasgstraaht.
D' Vegl homs gfressn. Fia d' Kiena is alls z' spaat.

Aschawöhlerl

An reichm Ma
is sei Wei krank woan.
Und wöi s' gspiat houd,
dass mit ihr aaf 's End zougöiht,
houd s' ihr oinzigs Moidl an d' Bettstood
groufn
und gsagt:
„Löibs Kind, bleib ma fromm und goud,
so wiad da da Herrgott imma aaf da Seitn
stöih,
und ich wüll vom Himml obn aaf di unter-
schaua
und wüll a sua um di ummi saa."
Dou draaf houd s' d' Aung zougmacht
und is gstorbn.
As Moidl ower
is jedn Dooch aassiganga zum Gro vo da
Mutter

und houd ghöint
und is fromm bliebn und goud.
Wöi da Winter kumma is,
houd da Schnöi a weiß Döicherl aaf dees Gro glegt,
und wöi d' Sunna dees im Fröihjoahr wieder unterzoong houd,
houd si da Ma a anders Wei gnumma.

Dees Wei houd zwöi Dechter mit ins Haus broucht,
döi schöi und weiß vom Agsicht woan,
ower zwider und schwoaz vom Herzn.
Dou is a schlimme Zeit fia dees oame Stöifkind aganga.
„Soll döi dumme Gans bei uns in da Stubn hockn!?" hom s' gsagt.
„Wer a Broud essn wüll,
mou si 's verdöina!
Aassi mit dera Kuchnmoagd!"

Sie hom ihr ihr schöins Aleechzeich weggnumma,
hom ihr an graua altn Kittl azoong
und hom ihr hülzerne Schouch gebn.
„Schautsis a die stolze Prinzessin,
wöi s' aassaputzt is!" hom s' groufn,
hom glacht und hom s' in d' Kuchn gföihat.
Dou houd s' vo da Fröih bis aaf d' Noat
schwaare Oawat dou möin,
zeitig vorm Dooch aafstöih,
Wasser troong,
Feia aschian,
kochn und waschn.
Obndrein hom ihr d' Schwestern
alles mögliche Herzwöih adou,
dees ma si ner aasdenkn ka,
hom s' verspott
und hom ara Erbsn und Linsn in d' Ascha eigschitt,
dass sie si wieder hihockn houd möin,
um 's wieder alles aassazuglaabn.

Oubnds,
wenn si dees oame Moidl ganz möid goawat ghat houd,
is 's in koi Bett eikumma,
houd si blouß newa 'n Uafn in d' Ascha eileeng möin.
Und waal 's deeszweng immer staubig und dreckat aasgschaut houd,
hom si 's Aschawöhlerl groufn.

Es houd si zoutroong,
dass da Vater amal aaf d' Mess göih wollt,
dou houd er sei zwoa Stöifdechter gfrougt,
wos er ihne denn mitbringa sollt.
„Schöine Kleidln",
houd die oine gsagt,
„Piaderla und Edlstoi" die zwoate.
„Ower du, Aschawöhlerl, houd a gsagt,
„wos wüllst 'n du hom?"
„Papa,

as erste Reisig, dees da am Hamweech an dein Houd stoußt,
brichst fia mi o."
Er houd also fia die zwoa Stöifschwestern schöine Kleidln, Perln und Edlstoi kaaft,
und aaf 'm Hamweech,
wöi a durch a gröine Stauern grittn is,
houd nan a Zweigerl vo dera Haslstauern an Houd untergstoussn.
Dou houd er dees Zweigerl obrochn und mitgnumma.
Wöi er dann hamkumma is,
houd er seine Stöiftechta gebn, wos sie si gwunschn ghat hom,
und 'm Aschawöhlerl
houd a dees Zweigerl vo dera Haslnussstauern gebn.
Aschawöhlerl houd 's nan recht dankt,
und is zum Gro vo seiner Mama ganga
und houd dees Zweigerl draaf aaffipflanzt
und houd so oach böigt,

dass ihre Tränen draaf oigfalln san
und es gossn hom.
So is 's gwachsn
und a schöiner Baam woan.
Aschawöhlerl is alle Dooch dreimal drunter ganga,
houd gwoint und bet,
und jedsmal is a weiß Vogerl aaf den Baam kumma
und wenn 's an Wunsch aasgsprochn houd,
so houd ihr dees Vogerl dees oichigschmissn,
wos sie si gwünscht ghat houd.

Es woar dann a sua,
dass da Kenig a Fest agebn houd,
dees drei Dooch dauern sollt
und zu dem alle schöina Jungfraun im Land
eiglodn woan san,
damit si sei Sohn a Braat aassouchn michad.
Die zwöi Stöifschwestern,

wöi s' ghöiat ghat hom, dass aa sie kumma
solltn,
waon recht gouda Ding,
hom as Aschawöhlerl groufn
und gsagt:
„Kumm, kämm uns d' Houa,
birschtl uns d' Schouch
und mach uns d' Schnalln fest,
mia genga zur Houchzat
aaf 'm König sein Schluass."
Aschawöhlerl houd gfolgt,
houd ower böigt,
waal s' aa gern zum Danz mitganga waar,
und houd d' Stöifmutter bitt,
dass is ihr erlaabn daad.
„Du,
Aschawöhlerl", houd s' gsagt,
„bist vuller Staub und Dreeck
und wüllst zur Houchzat?
Du housd koi Kleidln und Schouch
und wüllst danzn!?"

Wöi s' ower mi 'm Bittn und Beedln niad
aafgheat houd,
houd s' am End gsagt:
„Dou hob ich dir a Schissl Linsn
in d' Ascha eigschitt,
wennst döi Linsn in zwoa Stund
wieder aassaglaabt housd,
sua sollst nou mitgöih deam."
As Moidl is durch d' Hinterdiar zum Goatn
aassiganga
Und houd groufn:
„Ihr zahma Deiberla,
ihr Turtldeiberla,
all ihr Veegerla unter 'm Himmlszelt,
kummts und hölfts ma aassaglaabn,
die goudn ins Depferl
die schlechtn ins Krepferl."

Dou san zin Kuchnfenster
zwöi weiße Deiberla eina
und danou die Turtldeiberla,

und am End san alle Vogerla unterm
Himmlszelt einagfluang
und hom si um d' Ascha gschart.
Und die Deiberla hom mit die Kepferla
gnickt
und hom aagfangt:
Pick, pick, pick, pick.
Und dou hom aa die andern aagfangt:
Pick, pick, pick, pick,
und hom alle goudn Kerndln in d' Schissl eig-
laabt.
Kaam woar a Stund ummi,
woans scho fertig
und san s' wieder alle aassigfluang.
Dou houd as Moidl da Stöifmutter d' Schissl
broucht,
houd si gfreit und glaabt,
dass s' öitzt nu mit aaf d' Houchzat göih
deafat.
Ower disöl houd gsagt:
„Naa, Aschawöhlerl,

du housd koi Kleidln und kannst niad danzn:
du wiast ner aasglacht."
Wöi 's ower böigt houd,
houd s' gsagt:
„Wennst ma zwoa Schissln vulla Linsn
inara Stund aas dera Ascha aassaglaabn
kannst,
sua deafst dann mitgöih",
und houd denkt:
„Dees schafft 's ja eh niad."
Wöi sie döi zwöi Schissln Linsn in d' Ascha
eigschitt ghat houd,
is as Moidl durch d' Hinterdiar in Goatn aas-
siganga
und houd gschria:
„Ihr zahma Deiberla,
ihr Durtldeiberla,
all ihr Veecherla unterm Himmlszelt,
kummts und hölfts ma aassaglaabn,
die goudn ins Depferl
die schlechtn ins Krepferl."

Dou san zin Kuchnfenster
zwöi weiße Deiberla eina
und danou die Durtldeiberla,
und am End san alle Vogerla unterm
Himmlszelt einagfluang
und hom si um d' Ascha gschart.
Und die Deiberla hom mit die Kepferla
gnickt
und hom aagfangt:
Pick, pick, pick, pick.
Und dou hom aa di andern aagfangt:
Pick, pick, pick, pick,
und hom alle goudn Kerndln in d' Schissl eig-
laabt.
Kaam woar a halwade Stund ummi,
woans scho fertig
und san s' wieder alle aassigfluang.
Dou houd as Moidl da Stöifmutter d' Schissl
broucht,
houd si gfreit und glaabt,

dass s' öitzt nu mit aaf d' Houchzat göih
deafat.
Doch döi houd gsagt:
„Es hülft da alles nix:
du kummst niad mit,
waal du housd koi Kleidln und kannst obndrein niad danzn;
mia möißtn uns ja wecha dir schaamma."
Dou houd sie si umdraaht
und is mit ihre zwöi stolzn Dechter
fuatgrennt.

Wöi öitzad nemats möina daham gwen is,
is as Aschawöhlerl zu da Mama ihrn Gro
unterm Haslbaam ganga
und houd gschria:
„Baimerl, rüttl di und schüttl di,
wiaf Gold und Sülwer iwer mi."
Dou houd ihr da Vuagl a goldn und sülwernes
Kleidl oaragschmissn
und Dappn mit Seide und Sülwer aasgstickt.

Ganz schnöll houds dees Kleidl azong und is zur Houchzat ganga.
Sei Schwestern ower
und aa d' Stöifmutter
hom s' niad kennt
und hom gmoint, dees möißt a freme Königsdochter saa.
Sua schöi houd s' in dem goldna Kleidl aasgseang.
Ans Aschawöhlerl hom s' glei iwerhapst niad denkt
und hom gmoint, döi sitzat daham im Dreeck
und glaawat Linsn aas da Ascha aassa.
Da Königssohn is ihr entgeeng ganga,
houd s' an da Hend gnumma
und mit ihm danzt.
Er wollt aa sunst mit nemats danzn, als wöi mit ihr,
und houd also ihrer Hend nimmer lousloua,
und wenn a anderna kumma is, um s' zum Danz zu huln,

houd er gsagt: „Dees is mei Danzmoidl."

Es houd danzt bis da Oubnd kumma is,
dou wollt s' dann ham göih.
Da Königssohn houd ower gsagt:
„Ich göih mit und bring di ham",
denn er houd sehng wolln,
zu wem dees schöine Moidl ghöiat.
Sie is nan ower aaskumma und daham ins
Daamheisl eigsprunga.
Dou houd da Königssohn gwoat bis da Vater
kumma is
und houd nan gsagt, dees freme Moidl waar
ins Daamheisl eisprunga.
Da Alt houd si denkt:
„Sollt dees ebba goua as Aschawöhlerl gwen
saa",
und ma houd nan a Hackl und a Beil bringa
möin,
damit er as Daamheisl zammschloong houd
kinna;

ower es woar nemats drinna.
Und wöi s' ins Haus eikumma san,
woar dou as Aschawöhlerl in ihre dreckatn Kleidln in da Ascha dringleeng,
und a tröibs Öllamperl houd im Kamin drin brennt;
denn as Aschawöhlerl woar gschwind aas 'm Daamheisl hintn untigsprunga gwen
und woar zum Haslbaam grennt:
dou houd sie si döi schöina Kleidln wieder ozong
und aafs Groo glegt,
und da Vuagl houd döi wieder weggnumma,
und dann houd sie si in ihrm graua Kitterl in d' Kuchn zur Ascha gsetzt ghat.

Am andern Dooch,
wöi dees Fest aafs neie lousganga is
und d' Eltern und d' Stöifschwestern wieder fuat worn,
is as Aschawöhlerl zum Haslbaam ganga

und houd gsagt:
„Baimerl, rüttl di und schüttl di,
wiaf Gold und Sülwer iwer mi."
Dou houd ihr da Vuagl a nu a vül stolzernes Kleidl untergschmissn
wöi am Dooch davor.
Und wöi s' mit dem Kleidl aaf da Houchzat aaftaucht is,
hom allezamm nerblouß sua gstaunt, waal s' goua sua schöi woar!
Da Königssohn houd ower ner draaf gwoat ghat, dass sie kummt,
und houd s' glei bei da Hend gnumma
und blouß mit ihr alloi danzt.
Wenn die andern kumma san und mit ihr danzn wolltn,
houd er gsagt: „Dees is mei Danzmoidl."
Wöi 's dann Oubnd gwen is,
wollt s' fuat,
und da Königssohn is ihm nouganga

und wollt sehng, in wechas Haus, dass sie göiht:
ower es is nan fuatgsprunga
und in den Gaatn hinter dem Haus.
Dou drin is a schöiner groußer Baam gstandn,
an dem die herrlichstn Birn ghengt san.
Es is so schnöll wöi a Eichkatzl zwischn die Est klettert,
und da Königssohn houd niad gwusst,
wou 's hikumma gwest is.
Er houd ower wieder gwoat
bis da Vater kumma is,
und houd zu ihm gsagt:
„Dees fremde Moidl is ma davo,
und ich glaab, es is aaf den Birnbaam dou aaffigsprunga."
Da Vater houd si denkt:
„Sollt dees ebba as Aschawöhlerl saa,"
houd si a Hackl huln loua und houd den Baam umghaut,
ower dou woar nemats druabn.

Und wöi s' in d' Kuch eikumma san,
is as Aschawöhlerl dou in da Ascha dring-
leeng,
wöi sunst aa,
denn es woar aaf da andern Seitn vom Baam
oaragsprunga,
houd dem Vuagl aaf 'm Haslbeiml döi schöina
Kleidln wieder broucht
und sei graus Kitterl wieder azong.

Am drittn Dooch,
wöi d' Eltern und Schwestern fuat woan,
is as Aschawöhlerl wieder zu da Mama ihrn
Gro ganga
und houd zu dem Baiml gsagt:
„Baimerl, rüttl di und schüttl di,
wiaf Gold und Sülwer iwer mi."
Dou houd ihm da Vuagl a Kleidl unter-
gschmissn,
dees woar sua prächtig und glänzert, wöi 's
nu koins ghabt ghat houd,

und die Dappn woan ganz und goua goldn.
Wöi 's in dem Kleidl zur Houchzat kumma is,
hom s' alle niad gwusst, wos aas laatter Ver-
wunderung song hom solln.
Da Königssohn houd ganz alloi mit ihm danzt,
und wenn 's wer zum Danz huln wollt, houd er
gsagt:
„Dees is mei Danzmoidl."

Wöi 's öitzt Oubnd woar, wollt as Aschawöh-
lerl fuat,
und da Königssohn wollt s' begleitn,
ower es is nan schnöll davo gsprunga,
so dass er ihr niad houd folng kinna.
Da Königssohn houd ower a List braucht
und houd die ganze Treppn mit Peech
astreichn loua ghat:
Dou is, wöi 's untigrennt is, da linke Dappn vo
dem Moidl hängabliebn.
Da Königssohn houd nan aafghuabn,
und er woar ganz kloi und zierlich

und guldern.
Am nächstn Dooch in da Fröih
is a zu dem Ma ganga und houd zu ihm gsagt:
„Koi anderne soll mei Wei wean
als döi, an dera ihrn Fouß der goldne Schouch
dou passt."
Dou hom si döi zwöi Schwestern gfreit,
denn sie hom schöine Föiß ghat.
Die Ölteste is mit dem Schouch in d' Kammer ganga
und wollt nan aprowiern,
und d' Mutter is dabeigween.
Ower sie is mit ihrer groußn Zöihan niad einikumma,
und da Schouch woar ihr z' kloi,
dou houd ihr d' Mutter a Messer gebn und houd gsagt:
„Hau döi Zöihan o: wennst Königin bist, sua
brauchst eh nimmer z' Fouß göih."
Dees Moidl houd si d' Zöihan oghaut,
in den Schouch eizwengt,

'n Wöihding verbissn
und is zum Königssohn aassiganga.
Dou houd er sie als sei Braat aaf 'n Gaal gnumma
und is mit ihr davogrittn.
Sie hom ower an dem Gro vorbeigmöisst,
dou san döi zwöi Daiberla aaf 'm Haslbaiml gsessn und hom groufn:
„Rucke di gou, rucke di gou,
Bloud is im Schouch:
der Schouch is z' kloi groun
d' echte Braat sitzt nu daham."

Dou houd er aaf ihrn Fouß gschaut
und gsehng, wöi as Bloud aassagschwolln is.
Er houd sein Gaal gwendt,
houd die falsche Braat wieder ham broucht
und houd gsagt,
dees waar niad die rechte, die anderne
Schwester solltat den Schouch azöing.
Dou is döi in d' Kammer hinti ganga

und is mit ihre Zöihan glücklich in den
Schouch eikumma,
ower d' Feaschn woar z' grouß.
Dou houd ihr d' Mutter a Messer gebn und
houd gsagt:
„Hau a Stickl vo da Feaschn o: wennst Königin bist, sua brauchst eh nimmer z' Fouß
göih."
Dees Moidl houd a Stickl vo ihrer Feaschn
oaraghaut,
houd 'n Fouß in den Schouch eizwengt,
houd si 'n Wöihding verbissn und is zum
Königssohn aassiganga.
Dou houd er sie als sei Braat aaf 'n Gaal
gnumma
und is mit ihr davogrittn.
Wöi s' an dem Haslbaimerl vorbeikumma han,
san die zwöi Daiberln druabn gsessn und hom
groufn:
„Rucke di gou, rucke di gou,
Bloud is im Schouch:

der Schouch is z' kloi groun
d' echte Braat sitzt nu daham."
Er houd aaf ihrn Fouß oichi gschaut
und houd gsehng, wöi as Bloud aas dem Schouch aassaquolln is
und an die weißn Strimpf ganz roud aafagstieng woar.
Dou houd er mit seim Gaal wieder kehrt gmacht und houd die falsche Braat wieder hambroucht.
„Dees is aa niad die rechte", houd a gsagt,
„houds enk koi andere Dochter?"
„Naa", houd da Ma gsagt,
„nerblouß va meim verstorbna Wei
is nu a kloins, dahouds Aschawöhlerl dou:
dees kann aaf koin Fall d' Braat saa."
Der Königssohn houd gsagt, er solltat s' aaffaschickn,
d' Mutter houd ower zur Antwort gebn:
„Ach, naa,

döi is doch vül zu dreckat, döi deaf si niad sehng loua."
Er wollt 's ower unbedingt a so hom,
und Aschawöhlerl is groufn woan.
Dou houd sie si zerscht d' Hend und as Gsicht saawer gwaschn,
is dann hi ganga und houd si vor dem Königssohn verbeigt,
der ihr den goldnen Schouch highaltn houd.
Dann houd sie si aaf a Schaamerl draafghockt,
houd 'n Fouß aas dem schwaarn Hulzschouh aassazong,
und houd nan in den Dappn eigsteckt,
der woar wöi agossn.
Und wöi sie si aafgricht houd und da König ihr ins Gsicht gschaut houd,
houd er dees schöine Moidl erkennt, dees mit ihm danzt ghat houd,
und houd groufn: „Dees is die rechte Braat!"

D' Stöifmutter und die zwöi Schwestern san daschrockn und
ganz weiß woan vor Zorn:
Er houd ower as Aschawöhlerl aaf 'n Gaal gnumma und is mit ihm davogrittn.
Wöi s' am Haslbaimerl vorbeikumma san, hom döi zwoa Daiberla groufn:
„Rucke di gou, rucke di gou,
koi Bloud im Schouch:
der Schouch is niad z' kloi groun
die echte Braat föihat a öitzt ham."
Und wöi s' dees groufn ghat hom,
san s' alle zwoa untergfluang kumma
und hom si aaf da Aschawöhlerl ihre Schultern draafgsetzt,
oine rechts, die anderne links,
und san dou hockn bliebn.

Wöi d' Houchzat mit 'm Königssohn höid ghaltn wean solln,
san die falschn Schwestern kumma,

wollten si eischmeichln
und an seim Glick teilhom.
Wöi d' Braatleit öitzt zur Kirch ganga san,
woar die Ölteste zur rechtn,
die Jingste zur linkn Seitn:
dou hom die Daam ara jeder a Auch aassa-
pickt.
Hernou, wöi s' aassaganga san,
woar die Öltst zur linkn
und die Jingst zur rechtn:
dou hom die Daam ara jedn as anderne Auch
aassapickt.
Und woan also fia ihrerne Bosheit und
Falschheit
mit Blindheit aaf Letta gstrouft.

Ausklang

Es woar amal a Märchenfee,
sagt: „Ma, du housd drei Wünsch frei, hee!"
Blouß oin Wunsch houd er ghabt, der Ma:
„Mecht allwaal wunschlos glücklich saa!"

Tausnd Dank ...

... allen, die bei der Entstehung dieses Buches etwas beigetragen haben!
Besonders:
Martin Stangl,
Toni Kobler,
Johannes Treml,
Erika und Alfred Alkofer,
Käthi Höning,
Edith Rieger,
Evi und Rudi Brandl,
Kirstin Rokita,
Franz Schuier
und Christine

Anhang

Wer die Lieder „D' Weidner Stodtmusikanten", „Frau Holle" und „Hansl und Gretl" gerne mal (mit-)singen möchte, der findet hier die Noten.
Zu hören sind diese Lieder auf der CD mit dem gleichnamigen Titel

„Dornröiserl, Fruaschprinz und Co."

ebenfalls im Verlag Stangl & Taubald erschienen.

Einige Gedanken zur Mundartschreibweise in diesem Buch finden Sie unter
www.huberttreml.de

D' Weidner Stodtmusikantn

Frau Holle

Hansl und Gretl

Die CD zum Buch.
Hubert Treml liest „Dornröiserl, Fruaschprinz & Co."
Das Hörvergnügen: lustig – nachdenklich - einfühlsam

Ebenfalls von Hubert Treml:

Bereits in der 3. Auflage!!

„Sollte es tatsächlich zutreffen, dass der Oberpfälzer eher redefaul ist und sich in der Kommunikation auf das Nötigste beschränkt, dann sind das natürlich die besten Voraussetzungen, um als Nicht-Oberpfälzer das Oberpfälzische zu erlernen!"

Der Sprachkurs-Spaß
auch für "gstandene" Oberpfälzer!

Gekonnt beleidigen – über und unter der Gürtellinie.
Von der Verteidigung zum Angriff. Dank des neuen Oberpfälzer Schimpfwörterböijchls nie mehr wehrlos. Endlich ziel- und treffsicher in jeder Situation.

Die erfolgreiche Fortsetzung der
„Oberpfälzer Wörterböijchln"